AF187743

Impressum
Verlag: BABADADA GmbH, Nedderfeld 112 , 22529 Hamburg
Geschäftsführer / Verlagsleitung: Harald Hof
Druck: Books on Demand GmbH, In de Tarpen 42, 22848 Norderstedt

Imprint
Publisher: BABADADA GmbH, Nedderfeld 112 , 22529 Hamburg, Germany
Managing Director / Publishing direction: Harald Hof
Print: Books on Demand GmbH, In de Tarpen 42, 22848 Norderstedt, Germany

学校

škola

教室
tříd

割り算
dělit

186/2

黒板
tabule

校庭
školní hřiště

教師
učitel

紙
papír

書く
psát

ペン
pero

事務机
psací stůl

定規
pravítko

本
kniha

生徒
žák

ランドセル

aktovka

筆入れ

penál

鉛筆

tužka

鉛筆削り

ořezávátko

消しゴム

guma

スケッチブック

blok na kreslení

スケッチ

výkres

絵筆

štětec

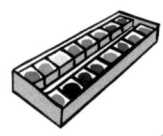

絵の具箱

malířské potřeby

はさみ

nůžky

接着剤

lepidlo

練習帳

cvičebnice

宿題

domácí úkol

12

数

počet

2+2

足し算

sčítat

5-2

引き算

odčítat

2×2

かけ算

násobit

計算する

počítat

A

文字

písmeno

ABCDEFG
HIJKLMN
OPQRSTU
VWXYZ

アルファベット

abeceda

hello

単語

slovo

テキスト
text

読む
číst

チョーク
křída

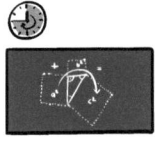

授業
hodina

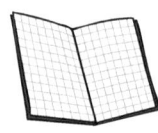

学級日誌
třídní kniha

試験
zkouška

通知表
vysvědčení

制服
školní uniforma

教育
vzdělání

百科事典
encyklopedie

大学
univerzita

顕微鏡
mikroskop

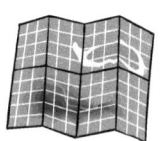

地図
karta

ごみ箱
odpadkový koš na papír

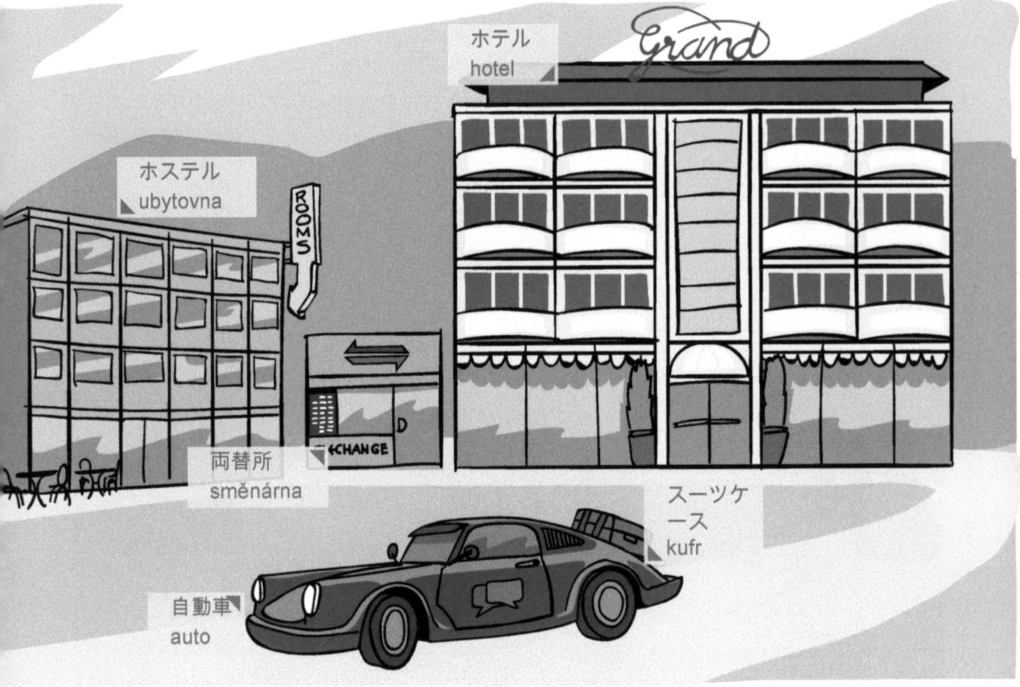

ホテル
hotel
Grand
ホステル
ubytovna
ROOMS
両替所
směnárna
EXCHANGE
スーツケース
kufr
自動車
auto

言語

jazyk

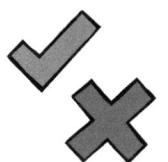

はい / いいえ

ano / ne

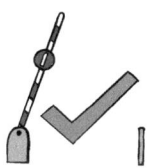

問題ない

oukej

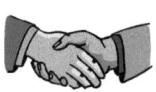

ハロー

Ahoj!

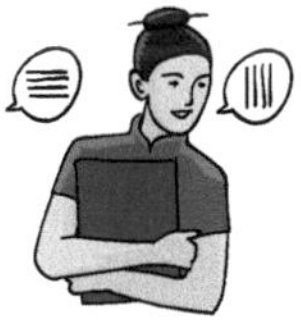

翻訳者

překladatel

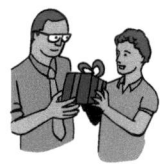

ありがとう

děkuji

…はいくらですか？

Kolik stojí…?

わかりません

nerozumím

問題

problém

こんばんは！

Dobrý večer!

おはようございます！

Dobré ráno!

おやすみなさい！

Dobrou noc!

さようなら

na shledanou

方向

směr

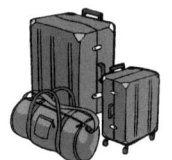

手荷物

zavazadlo

バッグ

taška

リュックサック

batoh

お客様

host

部屋

pokoj

寝袋

spací pytel

テント

stan

旅行者情報

turistické informace

ビーチ

pláž

クレジットカード

kreditní karta

朝食

snídaně

昼食

oběd

夕食

večeře

チケット

jízdenka

エレベーター

výtah

スタンプ

poštovní známka

境界

hranice

税関

clo

大使館

poselství

ビザ

vízum

パスポート

pas

輸送
transport

船
loď

飛行機
letadlo

消防車
hasičský vůz

バス
autobus

トラック
nákladní vůz

モーターボート
motorový člun

自動車
auto

自転車
kolo

フェリー

přívoz

ボート

člun

バイク

motorka

パトカー

policejní auto

レーシングカー

závodní auto

レンタカー

pronajaté auto

カーシェアリング
sdílení aut

レッカー車
odtahová služba

ごみ収集車
popelářský vůz

モーター
motor

燃料
palivo

ガソリンスタンド
čerpací stanice

交通標識
dopravní značka

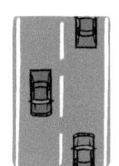

交通
doprava

渋滞
dopravní zácpa

駐車場
parkoviště

駅
vlakové nádraží

道
koleje

列車
vlak

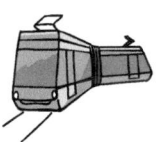

路面電車
tramvaj

車両
vagón

ヘリコプター

helikoptéra

空港

letiště

タワー

věž

乗客

pasažér

コンテナ

kontejner

段ボール箱

kartón

カート

trakař

カゴ

koš

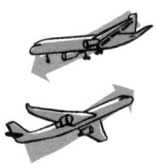

離陸 / 着陸

vzlétnout / přistát

都市

město

村

vesnice

都心

střed města

家

dům

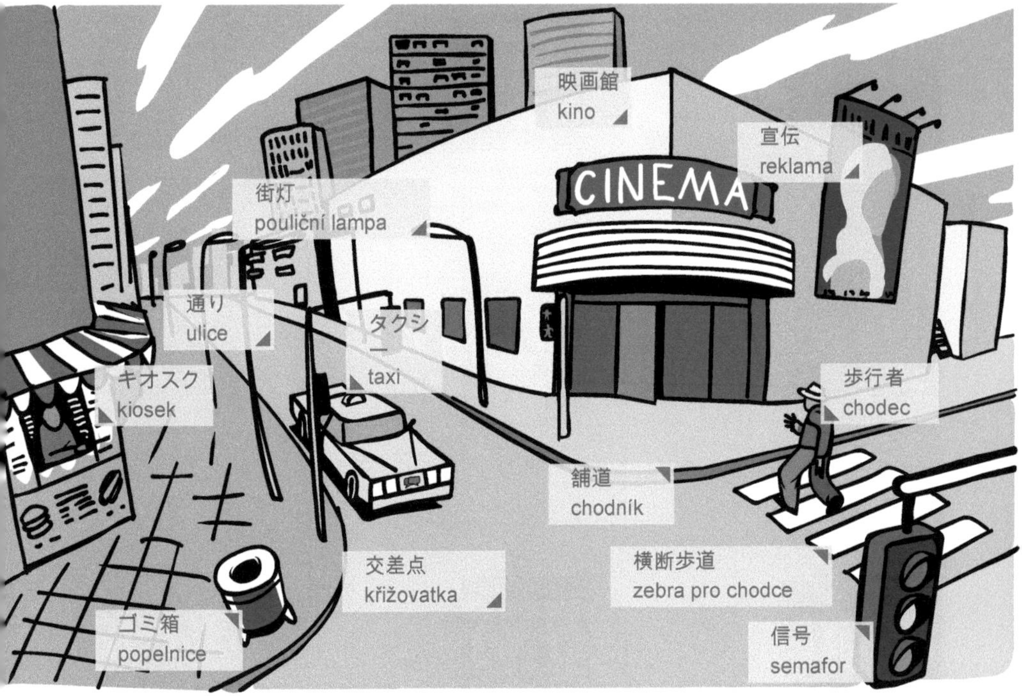

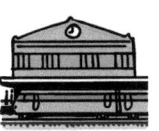

映画館
kino
宣伝
reklama
CINEMA
街灯
pouliční lampa
通り
ulice
タクシー
taxi
キオスク
kiosek
歩行者
chodec
舗道
chodník
交差点
křižovatka
横断歩道
zebra pro chodce
ゴミ箱
popelnice
信号
semafor

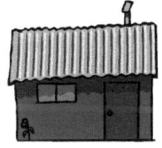

小屋

chata

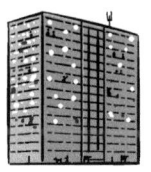

アパート

byt

駅

vlakové nádraží

市役所

radnice

MUSEUM

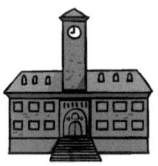

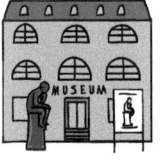

美術館

muzeum

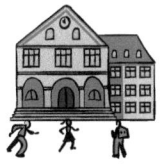

学校

škola

大学

univerzita

銀行

banka

病院

nemocnice

ホテル

hotel

薬局

lékárna

オフィス

kancelář

書店

knihkupectví

ショップ

obchod

花屋

květinářství

スーパーマーケット

supermarket

市場

tržnice

デパート

obchodní dům

魚屋

rybárna

ショッピングセンター

nákupní centrum

港

přístav

公園
park

ベンチ
lavička

橋
most

階段
schody

地下鉄
metro

トンネル
tunel

バス停
autobusová zastávka

バー
bar

レストラン
restaurace

ポスト
poštovní schránka

道路標識
pouliční tabule

パーキングメーター
parkovací hodiny

動物園
zoo

スイミングプール
plovárna

モスク
mešita

都市 - město

農場

usedlost

汚染

znečišťování životního prostředí

墓地

hřbitov

教会

církev

遊び場

hřiště

寺

chrám

風景

krajina

葉
list

道標
rozcestník

道
cesta

草地
louka

石
kámen

木
strom

ハイカー
turista

川
řeka

草
tráva

花
květina

谷
údolí

山
hora

湖
jezero

森
les

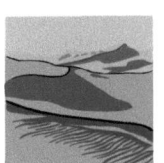

砂漠
poušť

火山
sopka

城
zámek

虹
duha

キノコ
houba

ヤシの木
palma

蚊
komár

ハエ
moucha

蟻
mravenec

ミツバチ
včela

クモ
pavouk

カブトムシ

brouk

蛙

žába

リス

veverka

ハリネズミ

ježek

ウサギ

zajíc

フクロウ

sova

鳥

pták

白鳥

labuť

雄豚

divoké prase

鹿

jelen

ヘラジカ

los

ダム

přehrada

風力タービン

větrné kolo

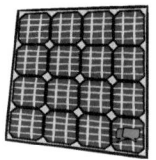

ソーラーパネル

solární panel

気候

podnebí

レストラン
restaurace

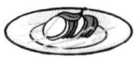

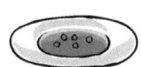

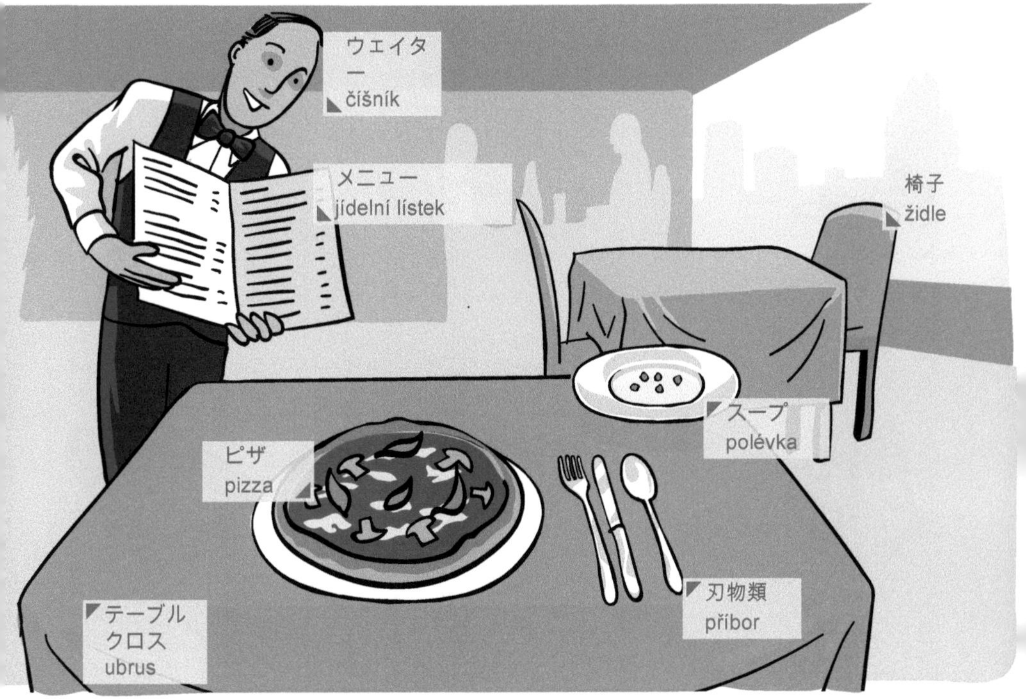
ウェイター
číšník
メニュー
jídelní lístek
椅子
židle
スープ
polévka
ピザ
pizza
刃物類
příbor
テーブルクロス
ubrus

前菜

předkrm

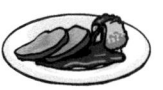

メインコース

hlavní chod

デザート

dezert

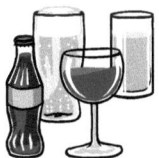

飲み物

nápoje

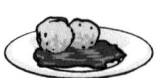

食べ物

jídlo

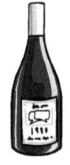

ボトル

láhev

ファストフード

rychlé občerstvení

屋台の食べ物

pouliční občerstvení

ティーポット

čajová konvice

砂糖入れ

cukřenka

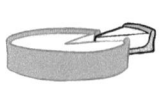

一人前

porce

エスプレッソマシン

kávovar na espresso

幼児用食事椅子

dětská stolička

請求書

faktura

トレー

tác

ナイフ

nůž

フォーク

vidlička

スプーン

lžíce

ティースプーン

čajová lyžička

ナプキン

ubrousek

グラス

sklenička

皿
talíř

スープ皿
talíř na polévku

受け皿
podšálek

ソース
omáčka

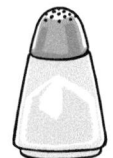

塩入れ
slánka

ペッパーミル
mlýnek na pepř

酢
ocet

油
olej

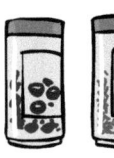

スパイス
koření

ケチャップ
kečup

マスタード
hořčice

マヨネーズ
majonéza

スーパーマーケット

supermarket

特価品
nabídka
FOR
顧客
zákazník
乳製品
mléčné výrobky
果物
ovoce
ショッピング・カート
nákupní vozík

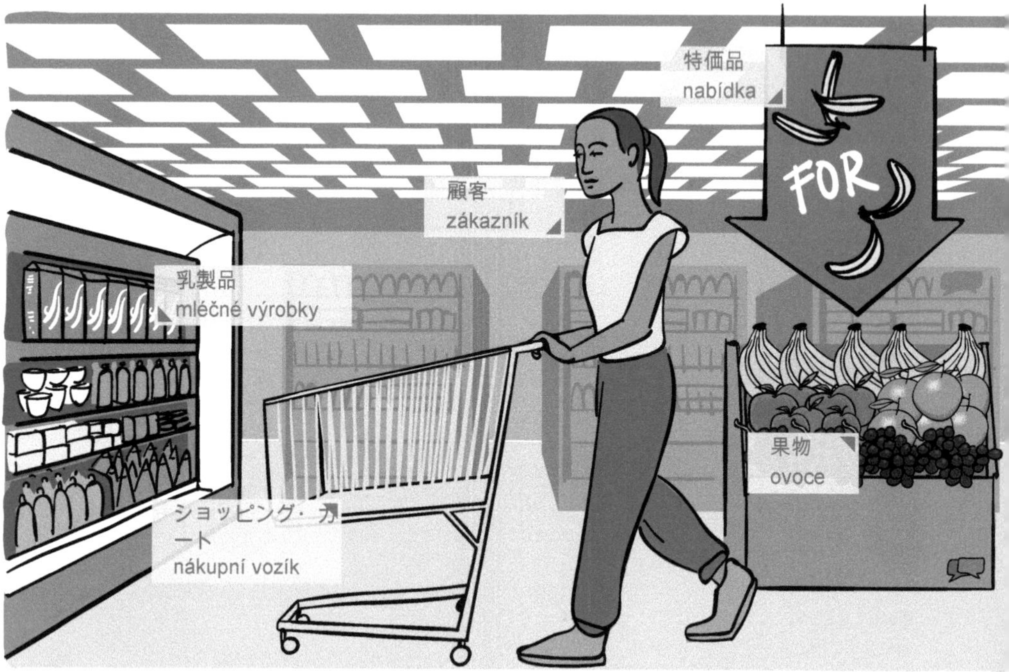

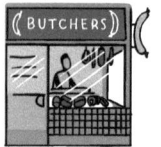

BUTCHERS

肉屋

masna

BAKERY

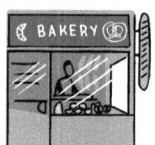

パン屋

pekařství

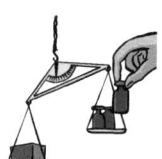

重さをはかる

vážit

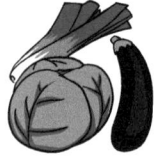

野菜

zelenina

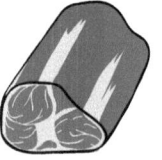

肉

maso

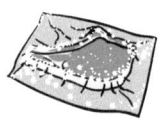

冷凍食品

mražené potraviny

冷肉の薄切り
obložený talíř

缶詰食品
konzervy

洗剤
prací prášek

菓子
cukrovinky

家庭用品
výrobky pro domácnost

清掃用品
čisticí prostředek

販売員
prodavačka

現金箱
pokladna

レジ係
pokladní

買い物リスト
nákupní seznam

開館時刻
otevírací doba

財布
peněženka

クレジットカード
kreditní karta

バッグ
taška

ポリ袋
igelitová taška

水

voda

ジュース

džus

牛乳

mléko

コーラ

kola

ワイン

víno

ビール

pivo

アルコール

alkohol

ココア

kakao

紅茶

čaj

コーヒー

káva

エスプレッソ

espresso

カプチーノ

kapučíno

バナナ

banán

リンゴ

jablko

オレンジ

pomeranč

メロン

meloun

レモン

citrón

ニンジン

mrkev

ニンニク

česnek

竹

bambus

玉ねぎ

cibule

キノコ

houba

ナッツ

ořechy

ヌードル

těstoviny

スパゲッティ

špageti

米

rýže

サラダ

salát

フライドポテト

hranolky

フライドポテト

americké brambory

ピザ

pizza

ハンバーガー

hamburger

サンドウィッチ

sendvič

カツレツ

řízek

ハム

šunka

サラミ

salám

ソーセージ

salám

鶏肉

kuře

焼き

pečeně

魚

ryby

麦のお粥

ovesné vločky

ムーズリ

müsli

コーンフレーク

vločky

小麦粉

mouka

クロワッサン

croissant

ロールパン

houska

パン

chléb

トースト

toast

ビスケット

sušenky

バター

máslo

カッテージチーズ

tvaroh

ケーキ

buchta

卵

vejce

目玉焼き

volské oko

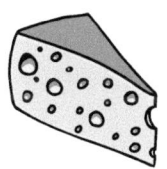

チーズ

sýr

食べ物 - jídlo

アイスクリーム

zmrzlina

砂糖

cukr

はちみつ

med

ジャム

marmeláda

ヌガークリーム

nugátový krém

カレー

kari

農場
usedlost

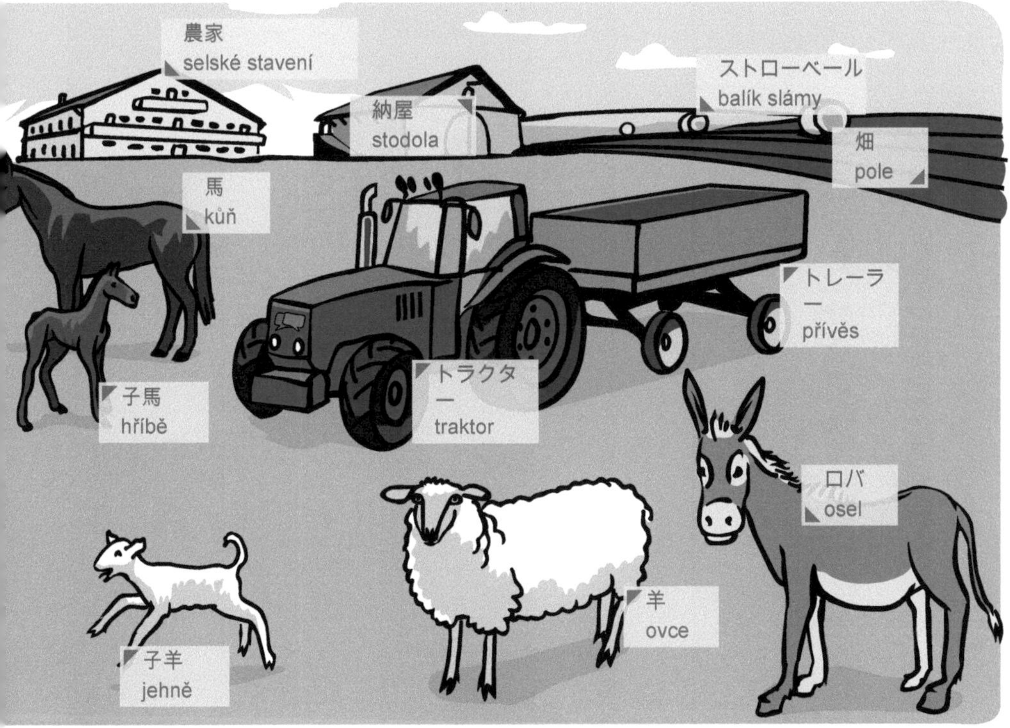

農家
selské stavení
納屋
stodola
ストローベール
balík slámy
畑
pole
馬
kůň
トレーラー
přívěs
トラクター
traktor
子馬
hříbě
ロバ
osel
羊
ovce
子羊
jehně

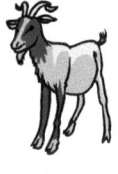

ヤギ
koza

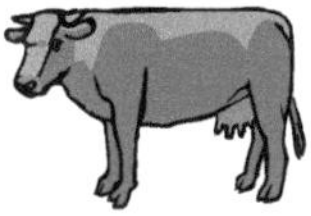

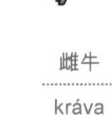

雌牛
kráva

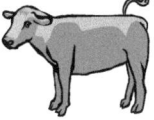

子牛
tele

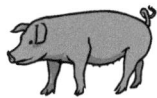

豚
prase

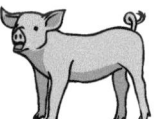

子豚
sele

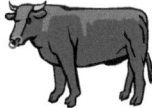

雄牛
býk

ガチョウ

husa

アヒル

kachna

ひよこ

kuře

にわとり

slepice

おんどり

kohout

ネズミ

krysa

猫

kočka

ねずみ

myš

雄牛

vůl

犬

pes

犬小屋

psí bouda

散水ホース

zahradní hadice

じょうろ

kropicí konev

大鎌

kosa

すき

pluh

草刈り鎌

srp

くわ

motyka

堆肥用フォーク

vidle

斧

sekera

手押し車

kolecko

かいばおけ

koryto

牛乳缶

konev na mléko

袋

pytel

フェンス

plot

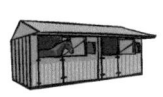

畜舎

stáj

温室

skleník

土壌

půda

種

osivo

肥料

hnojivo

コンバイン

kombajn

収穫する
sklidit

収穫
sklizeň

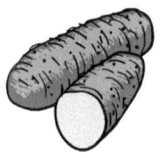

ヤマイモ
smldinec

小麦
pšenice

大豆
sója

じゃがいも
brambora

トウモロコシ
kukuřice

菜種
řepka

果樹
ovocný strom

キャッサバ
maniok

穀物
obilí

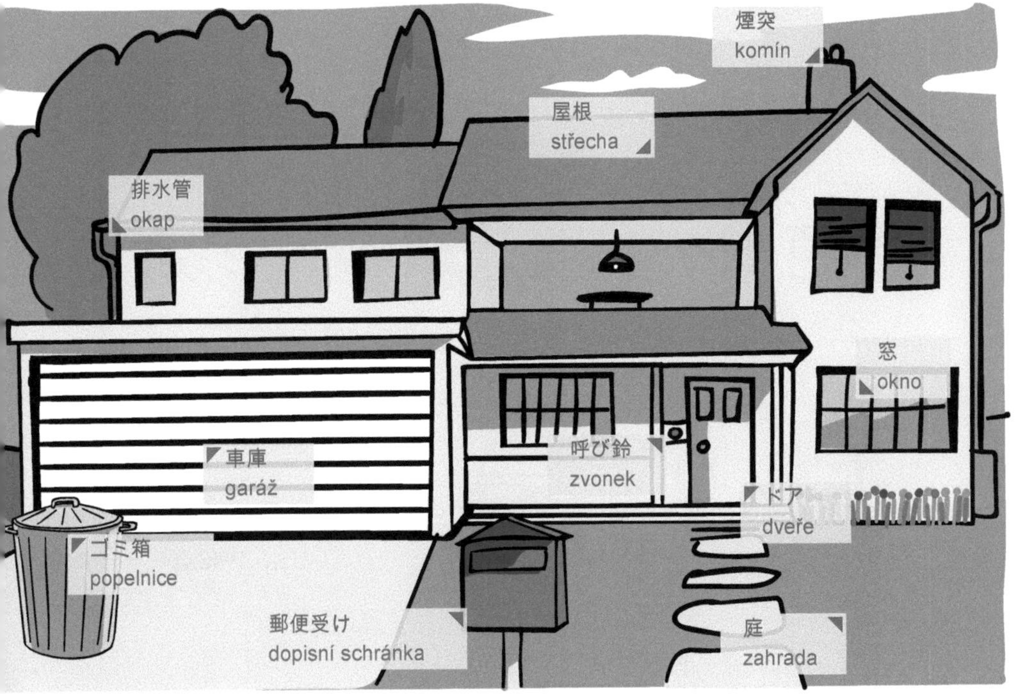

煙突
komín

屋根
střecha

排水管
okap

窓
okno

車庫
garáž

呼び鈴
zvonek

ドア
dveře

ゴミ箱
popelnice

郵便受け
dopisní schránka

庭
zahrada

リビングルーム

obývací pokoj

浴室

koupelna

台所

kuchyně

寝室

ložnice

子供部屋

dětský pokoj

ダイニング・ルーム

jídelna

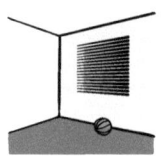

床
podlaha

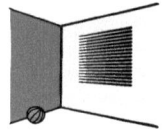

壁
zeď

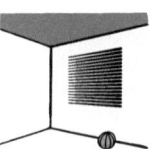

天井
deka

地下貯蔵庫
sklep

サウナ
sauna

バルコニー
balkón

テラス
terasa

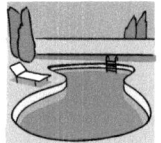

プール
bazén

芝刈り機
sekačka na trávu

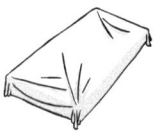

シーツ
ložní prádlo

ベッドカバー
lůžková přikrývka

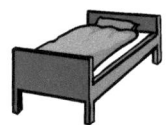

ベッド
postel

ほうき
smeták

バケツ
kýbl

スイッチ
vypínač

リビングルーム
obývací pokoj

壁紙
tapeta
絵
obrázek
ランプ
žárovka
棚
police
食器棚
skříň
テレビ
televizor
暖炉
komín
花
květina
クッション
polštář
ソファ
gauč
花瓶
váza
リモコン
dálkový ovladač

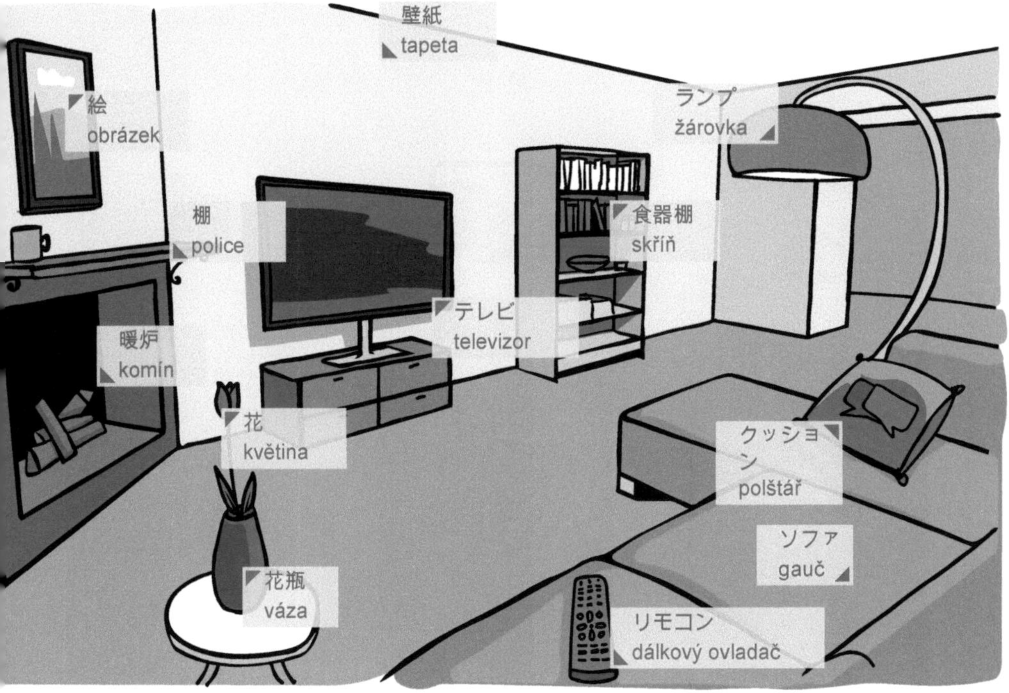

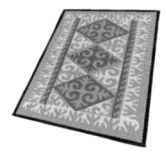

カーペット

koberec

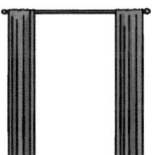

カーテン

závěs

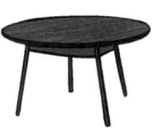

テーブル

stůl

椅子

židle

ロッキングチェア

houpací křeslo

ひじ掛け椅子

křeslo

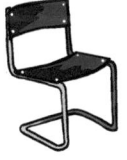

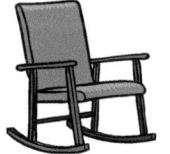

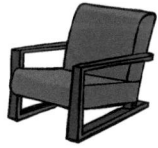

本

kniha

毛布

strop

飾り

ozdoba

たきぎ

palivové dříví

映画

film

ステレオ

stereo souprava

鍵

klíč

新聞

noviny

絵画

malba

ポスター

plakát

ラジオ

rádio

メモ帳

poznámkový blok

掃除機

vysavač

サボテン

kaktus

ろうそく

svíce

台所
kuchyně

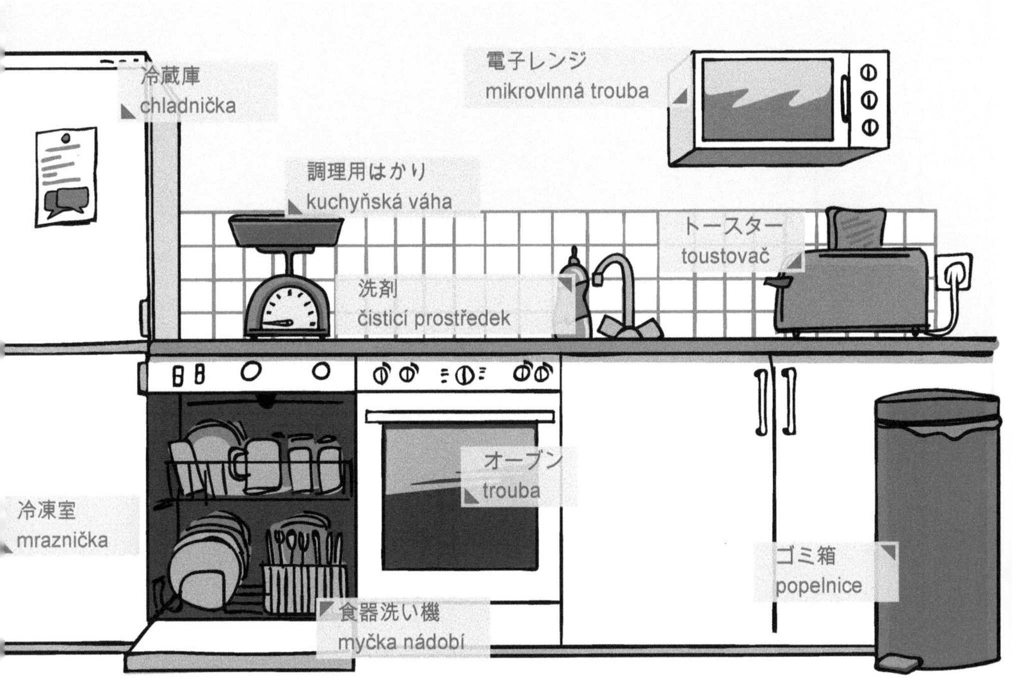

冷蔵庫
chladnička
電子レンジ
mikrovlnná trouba
調理用はかり
kuchyňská váha
トースター
toustovač
洗剤
čisticí prostředek
オーブン
trouba
冷凍室
mraznička
ゴミ箱
popelnice
食器洗い機
myčka nádobí

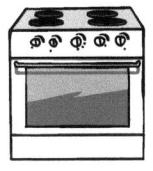

こんろ

sporák

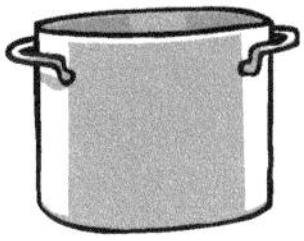

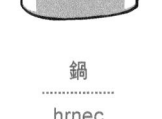

鍋

hrnec

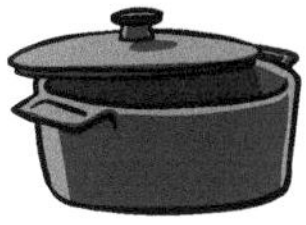

鉄鍋

litinový hrnec

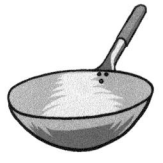

中華鍋/ カダイ鍋

wok / kadai

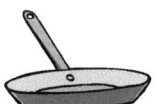

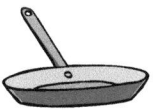

フライパン

pánev

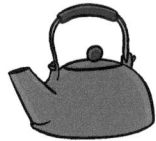

やかん

varná konvice

蒸し器

parní hrnec

天板

plech na pečení

食器

nádobí

マグカップ

hrnek

ボウル

miska

箸

jídelní hůlky

おたま

naběračka

へら

obracečka

泡立て器

metla

こし器

síto

ふるい

cedník

すりおろし器

struhadlo

すり鉢

hmoždíř

バーベキュー

gril

かまど

ohniště

まな板
prkénko na krájení

麺棒
váleček na těsto

栓抜き
vývrtka

缶
dóza

缶切り
otvírák na konzervy

鍋つかみ
chňapka

流し
umyvadlo

ブラシ
kartáč na nádobí

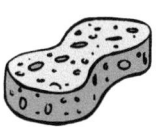

スポンジ
houba

ミキサー
mixér

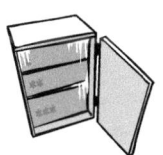

冷凍庫
mrazák

哺乳瓶
dětská lahev

蛇口
kohoutek

台所 - kuchyně

浴室
koupelna

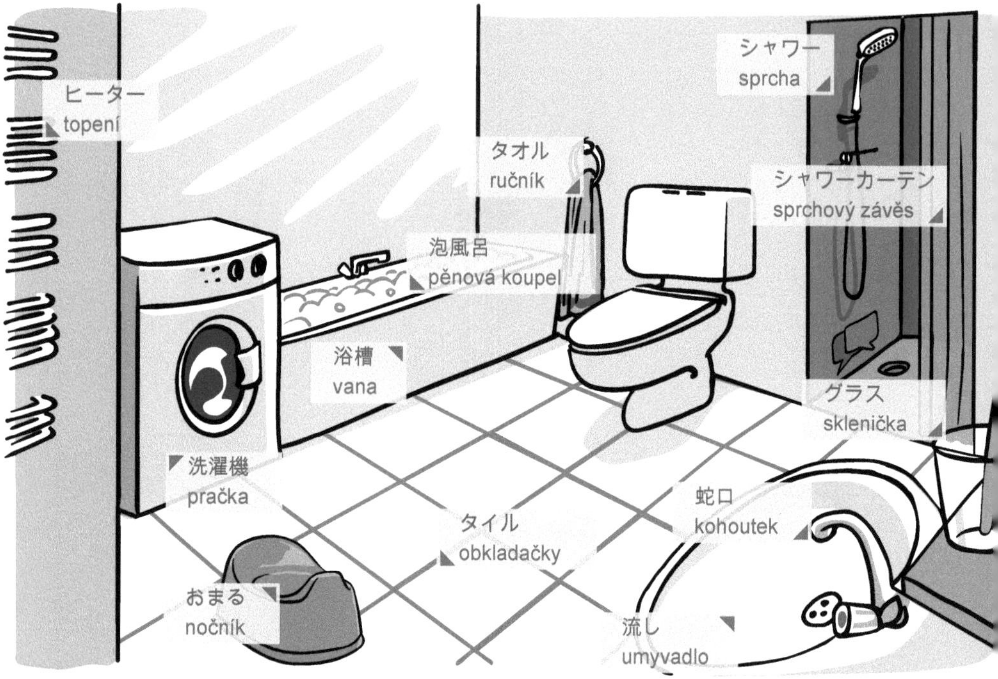

ヒーター
topení
タオル
ručník
シャワー
sprcha
シャワーカーテン
sprchový závěs
泡風呂
pěnová koupel
浴槽
vana
グラス
sklenička
洗濯機
pračka
蛇口
kohoutek
タイル
obkladačky
おまる
nočník
流し
umyvadlo

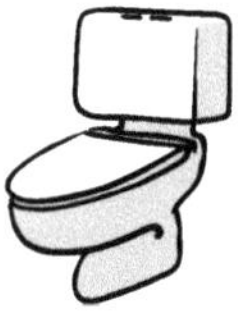

トイレ

záchod

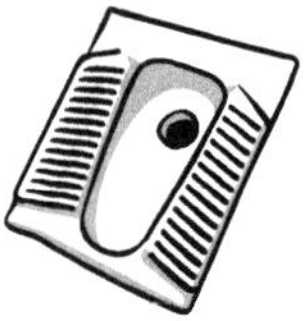

和式トイレ

turecký záchod

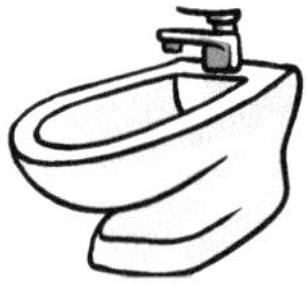

ビデ

bidet

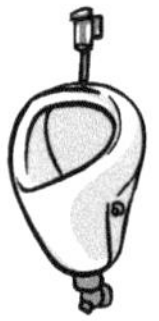

小便器

pisoár

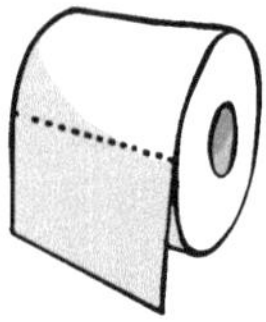

トイレットペーパー

toaletní papír

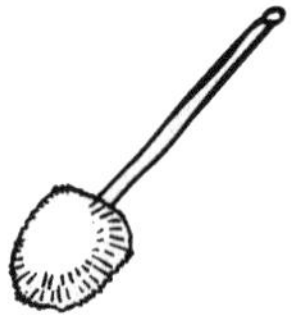

トイレブラシ

záchodová štětka

歯ブラシ

zubní kartáček

歯みがき

zubní pasta

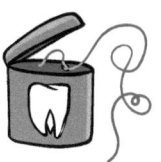

デンタルフロス

zubní niť

洗う

mýt

シャワーヘッド

ruční sprcha

ハンドビデ

intimní sprcha

洗面台

umyvadlo

ボディブラシ

kartáč na záda

石鹸

mýdlo

シャワー用ジェル

sprchový gel

シャンプー

šampón

浴用タオル

žínka

排水口

odpad

クリーム

krém

消臭

deodorant

浴室 - koupelna

鏡

zrcadlo

手鏡

kosmetické zrcátko

かみそり

holicí strojek

シェービング・フォーム

pěna na holení

アフターシェーブローショ
ン

voda po holení

櫛

hřeben

ブラシ

kartáč

ドライヤー

fén

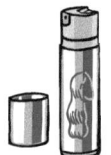

ヘアスプレー

lak na vlasy

化粧

makeup

口紅

rtěnka

マニキュア

lak na nehty

脱脂綿

vata

爪切り

nůžky na nehty

香水

parfém

洗面用具入れ

...ka s toaletními potřebami

スツール

stolička

体重計

váha

バスローブ

župan

ゴム手袋

gumové rukavice

タンポン

tampón

生理用ナプキン

dámská vložka

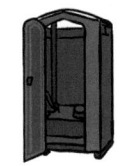

ケミカルトイレ

chemická toaleta

浴室 - koupelna

目覚まし
時計
budík

ぬいぐるみ
plyšová hračka

おもちゃの
自動車
autíčko

ドール・ハウス
domeček pro panenky

がらがら
chrastítko

プレゼント
dárek

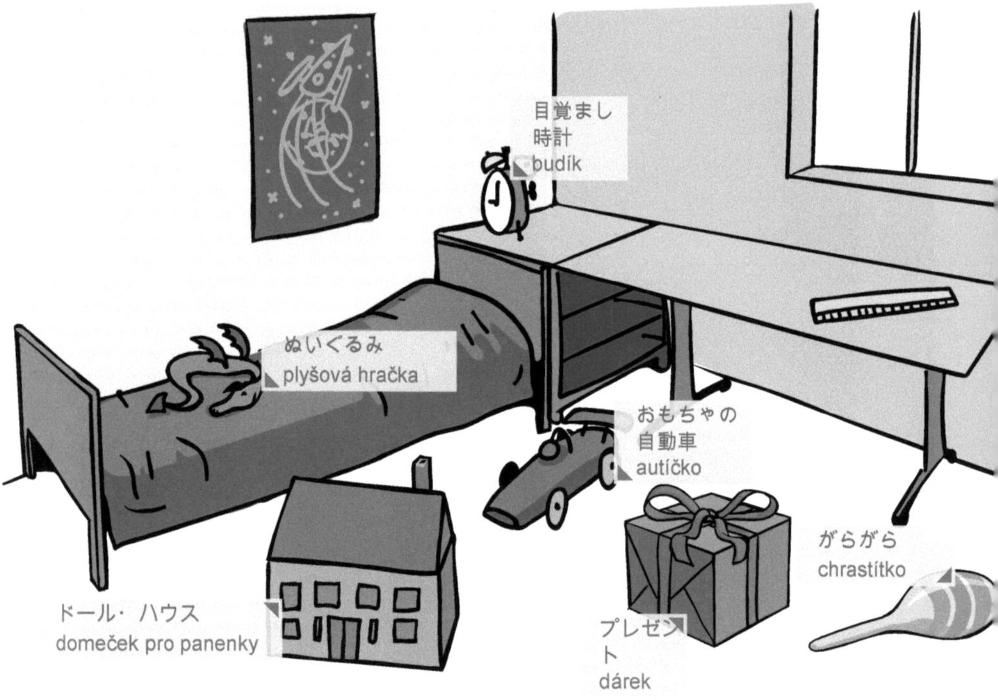

風船
balón

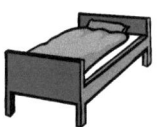

ベッド
postel

ベビーカー
kočárek

カードゲーム
balíček karet

ジグソーパズル
puzzle

漫画
komiks

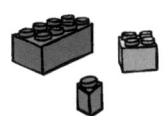

レゴ

lego kostky

玩具ブロック

stavebnice

アクションフィギュア

akční figurka

ロンパース

dupačky

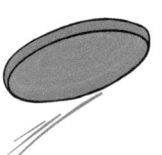

フリスビー

frisbee

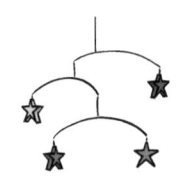

モバイル

závěsné hračky nad
postýlku

ボードゲーム

desková hra

さいころ

kostky

鉄道模型

modelová železnice

おしゃぶり

dudlík

パーティー

oslava

絵本

obrázková kniha

ボール

míč

人形

panenka

遊ぶ

hrát si

砂場

pískoviště

ブランコ

houpačka

おもちゃ

hračky

ゲーム機

hrací konzole

三輪車

tříkolka

テディベア

medvídek

衣装ダンス

šatník

衣服

oblečení

靴下

ponožky

ストッキング

punčochy

タイツ

punčochové kalhoty

スカーフ
šála

雨傘
deštník

Tシャツ
tričko

ベルト
pásek

ブーツ
kozačky

スリッパ
domácí obuv

スニーカー
tenisky

サンダル
sandály

靴
obuv

ゴム長靴
holínky

パンツ
spodní prádlo

ブラ
podprsenka

ベスト
nátělník

衣服 - oblečení

ボディースーツ

body

ズボン

kalhoty

ジーンズ

džíny

スカート

sukně

ブラウス

blůza

シャツ

košile

セーター

svetr

パーカー

mikina

ブレザー

blejzr

ジャケット

bunda

コート

kabát

レインコート

pláštěnka

服装

kostým

ドレス

šaty

ウェディングドレス

svatební šaty

スーツ

oblek

ナイトガウン

noční košile

パジャマ

pyžamo

サリー

sárí

ヘッドスカーフ

šátek na hlavu

ターバン

turban

ブルカ

burka

カフタン

kaftan

アバヤ

abája

水着

plavky

トランクス

pánské plavky

¥ズボン

kraťasy

スウェットスーツ

teplákovásouprava

エプロン

zástěra

手袋

rukavice

ボタン

knoflík

メガネ

brýle

ブレスレット

náramek

ネックレス

náhrdelník

指輪

prsten

イヤリング

náušnice

帽子

čepice

ハンガー

ramínko

帽子

klobouk

ネクタイ

kravata

ファスナー

zip

ヘルメット

helma

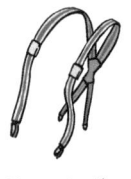

サスペンダー

kšandy

制服

školní uniforma

ユニフォーム

uniforma

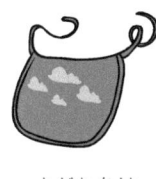

よだれかけ

bryndák

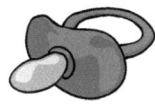

おしゃぶり

dudlík

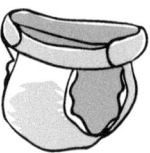

おむつ

plena

オフィス
kancelář

サーバ
server
書類キャビネット
kartotéka
プリンター
tiskárna
紙
papír
モニター
monitor
マウス
myš
事務机
psací stůl
フォルダー
šanon
キーボード
klávesnice
椅子
židle
ごみ箱
odpadkový koš na papír
コンピューター
počítač

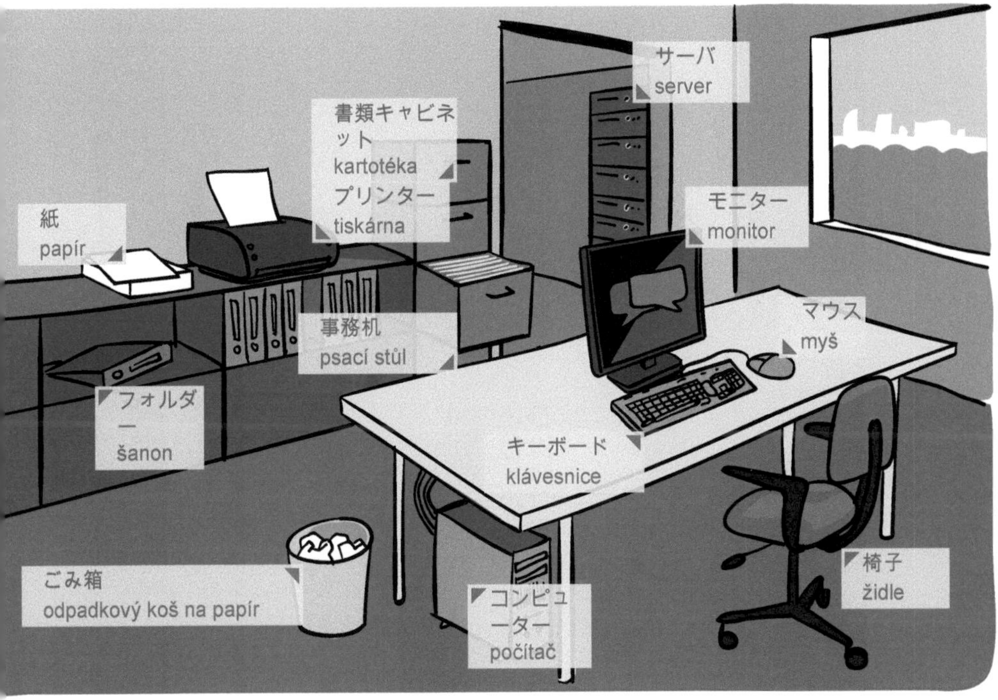

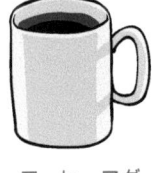

コーヒーマグ

hrnek na kávu

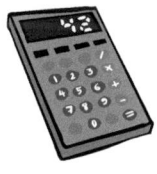

計算機

kalkulačka

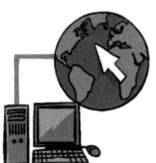

インターネット

internet

ラップトップ

notebook

手紙

dopis

メッセージ

zpráva

携帯電話

mobil

ネットワーク

síť

コピー機

kopírka

ソフトウェア

software

電話

telefon

コンセント

zásuvka

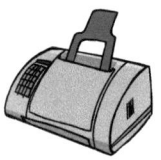

ファックス

fax

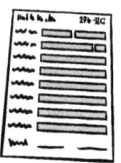

フォーム

formulář

書類

dokument

買う

nakupovat

支払う

zaplatit

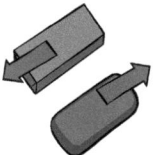

取引する

jednat

お金

peníze

ドル

dolar

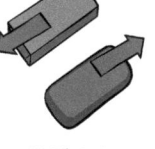

ユーロ

euro

円

jen

ルーブル

rubl

スイスフラン

frank

人民元

juan

ルピー

rupie

キャッシュポイント

bankomat

両替所

směnárna

金

zlato

銀

stříbro

油

olej

エネルギー

energie

価格

cena

契約

smlouva

税金

daň

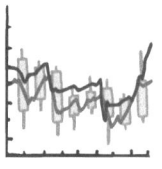

株

akcie

働く

pracovat

従業員

zaměstnanec

雇用主

zaměstnavatel

工場

továrna

ショップ

obchod

職業

povolání

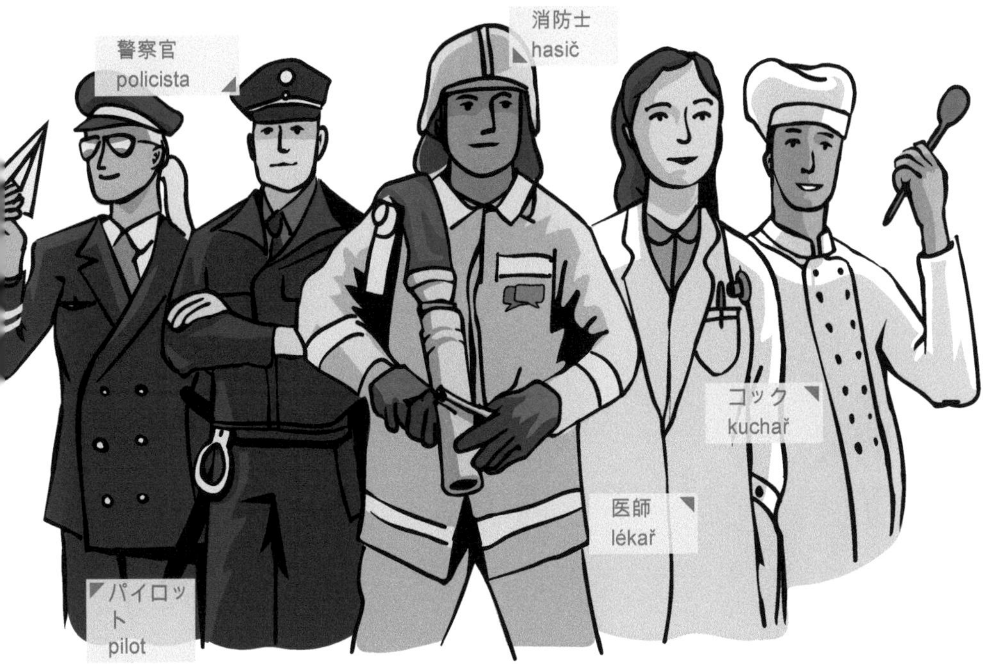
警察官
policista
消防士
hasič
コック
kuchař
医師
lékař
パイロット
pilot

庭師
zahradník

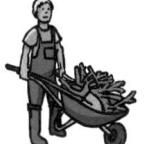

大工
truhlář

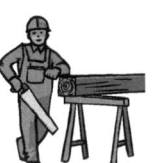

お針子
švadlena

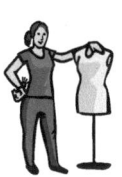

裁判官
soudce

化学者
chemik

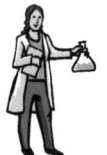

俳優
herec

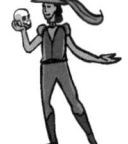

バスの運転手

řidič autobusu

タクシー運転手

řidič taxi

漁師

rybář

掃除婦

uklízečka

屋根ふき職人

pokrývač

ウェイター

číšník

ハンター

myslivec

塗装工

malíř

パン屋

pekař

電気工

elektrikář

建設作業員

stavební dělník

エンジニア

inženýr

肉屋

řezník

配管工

klempíř

郵便配達人

listonoš

軍人
vojak

建築家
architekt

レジ係
pokladní

花屋
florista

美容師
kadeřník

車掌
průvodčí

機械工
mechanik

キャプテン
kapitán

歯科医
zubař

科学者
vědec

ラビ
rabín

イスラム導師
imám

修道士
mnich

牧師
duchovní

職業 - povolání

道具
nářadí

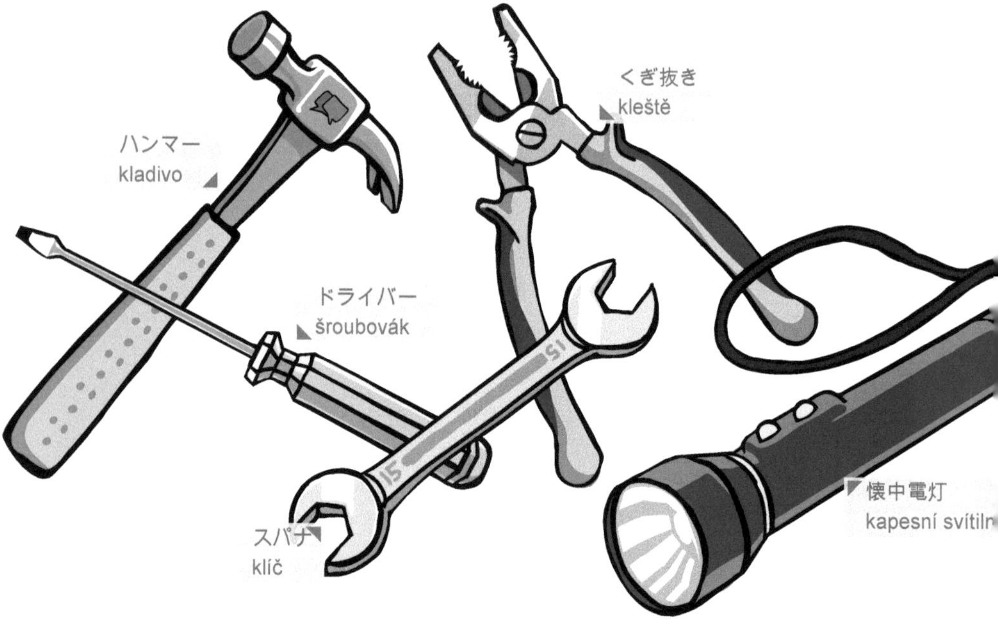

くぎ抜き
kleště
ハンマー
kladivo
ドライバー
šroubovák
懐中電灯
kapesní svítiln
スパナ
klíč

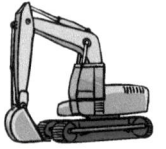

掘削機

bagr

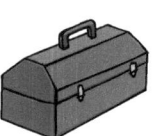

道具箱

skříň na nářadí

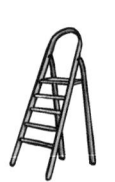

はしご

žebřík

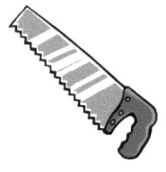

のこぎり

pila

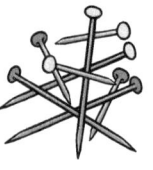

釘

hřebíky

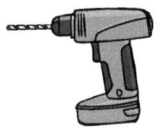

ドリル

vrtačka

修理する
....
opravit

シャベル
....
lopata

クソ！
....
Kurva!

ちりとり
....
lopatka

ペンキ缶
....
vědroé na barvu

ネジ
....
šrouby

楽器

hudební nástroje

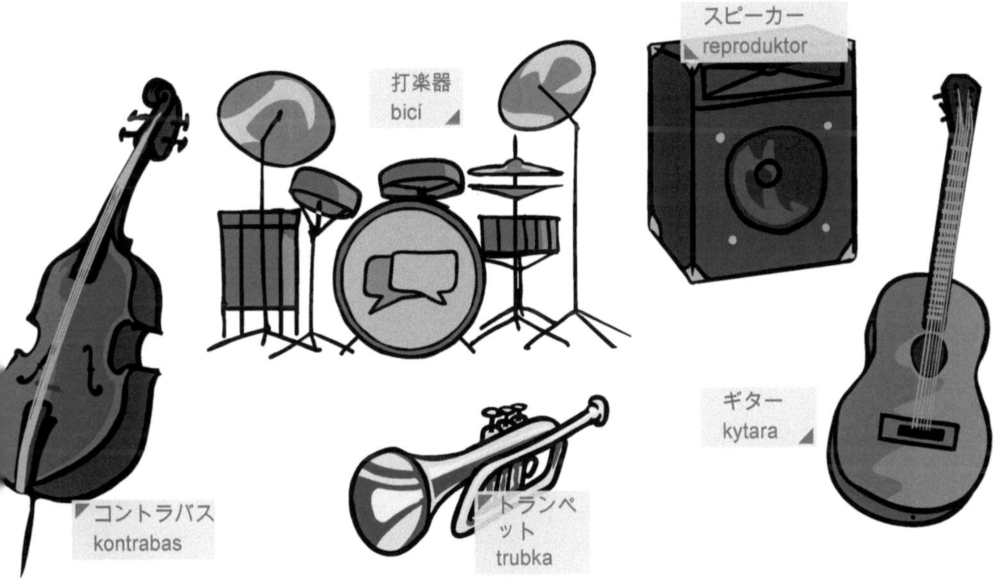

スピーカー
reproduktor

打楽器
bicí

コントラバス
kontrabas

トランペット
trubka

ギター
kytara

ピアノ

klavír

バイオリン

housle

バス

basa

ティンパニ

tympán

ドラム

bubny

キーボード

keyboard

サックス

saxofon

フルート

flétna

マイクロフォン

mikrofon

楽器 - hudební nástroje

動物園

ZOO

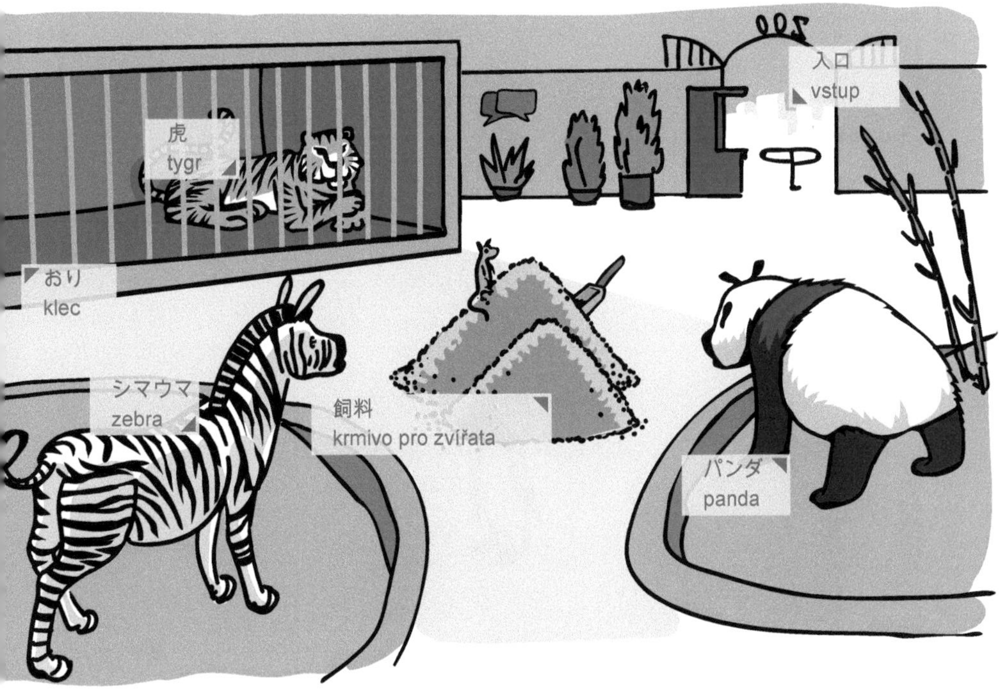
入口
vstup
虎
tygr
おり
klec
シマウマ
zebra
飼料
krmivo pro zvířata
パンダ
panda

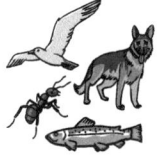

動物

zvířata

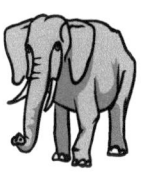

象

slon

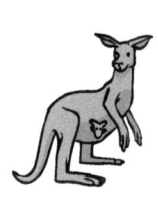

カンガルー

klokan

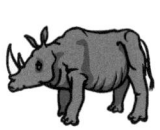

サイ

nosorožec

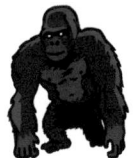

ゴリラ

gorila

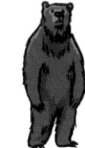

熊

medvěd

ラクダ

velbloud

ダチョウ

pštros

ライオン

lev

猿

opice

フラミンゴ

plameňák

オウム

papoušek

白クマ

lední medvěd

ペンギン

tučňák

サメ

žralok

クジャク

páv

蛇

had

ワニ

krokodýl

飼育係

ošetřovatel zvířat

アザラシ

tuleň

ジャガー

jaguár

ポニー

poník

ヒョウ

leopard

カバ

hroch

キリン

žirafa

鷲

orel

雄豚

divoké prase

魚

ryby

亀

želva

セイウチ

mrož

狐

liška

ガゼル

gazela

動物園 - **zoo**

アメフト
americký fotbal

サイクリング
cyklistika

テニス
tenis

バスケット
ボール
košíková

水泳
plavání

ボクシン
グ
box

アイスホッケー
lední hokej

サッカー
kopaná

バドミントン
badminton

陸上競技
lehká atletika

ハンドボール
házená

スキー
běh na lyžích

ポロ
vodní pólo

跳ぶ
skočit

笑う
smát se

抱きしめる
objímat

歌う
zpívat

歩く
jít

祈る
modlit se

夢見る
snít

キス
políbit

書く
psát
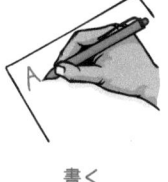

描く
kreslit

示す
ukazovat

押す
tlačit

与える
dát

取る
vzít si
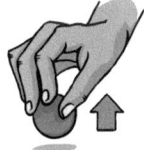

持っている

mít

する

dělat

ある

být

立つ

stát

走る

běhat

引く

táhnout

投げる

hodit

落ちる

padat

横たわっている

ležet

待つ

čekat

運ぶ

nosit

座る

sedět

着る

oblékat

眠る

spát

目が覚める

vzbudit se

見る

prohlédnout si

泣く

plakat

なでる

pohladit

櫛ですく

česat

話す

hovořit

理解する

rozumět

質問する

ptát se

聞く

slyšet

飲む

pít

食べる

jíst

片づける

uklidit

愛する

milovat

料理する

vařit

運転する

jet

飛ぶ

letět

ヨットに乗る

plachtit

計算する

počítat

読む

číst

学ぶ

učit se

働く

pracovat

結婚する

vzít si

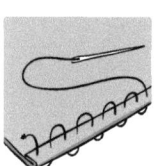

縫う

šít

歯を磨く

čistit si zuby

殺す

zabít

喫煙する

kouřit

送る

poslat

家族
rodina

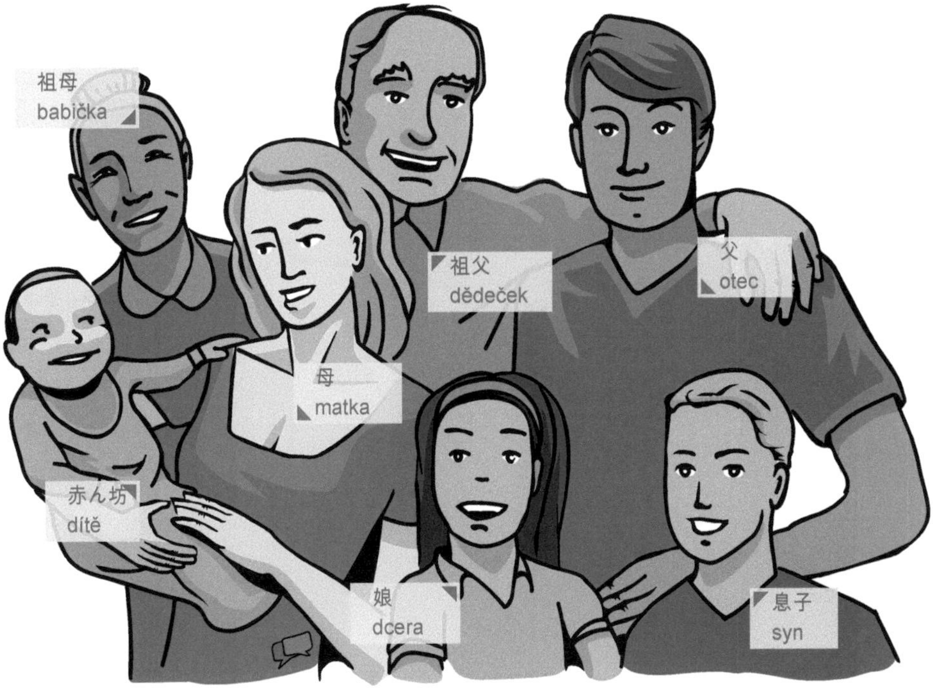
祖母
babička
祖父
dědeček
父
otec
母
matka
赤ん坊
dítě
娘
dcera
息子
syn

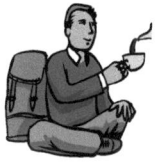

お客様

host

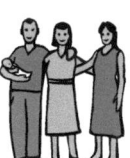

おば

teta

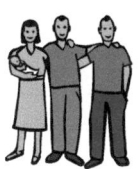

おじ

strýc

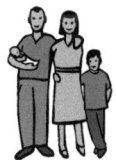

兄弟

bratr

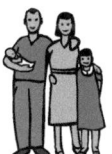

姉妹

sestra

体

tělo

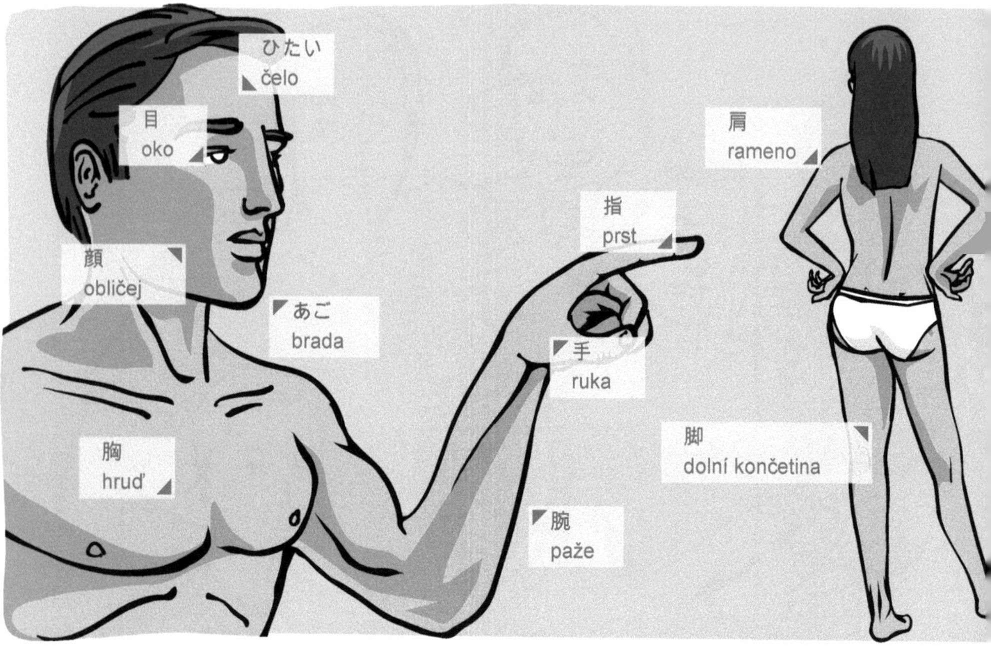

ひたい
čelo

目
oko

肩
rameno

指
prst

顔
obličej

あご
brada

手
ruka

胸
hruď

脚
dolní končetina

腕
paže

赤ん坊

dítě

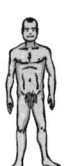

男性

muž

女性

žena

少女

dívka

少年

chlapec

頭

hlava

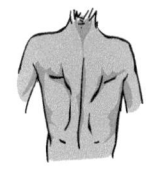

背中

záda

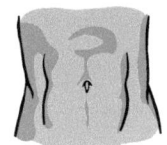

腹

břicho

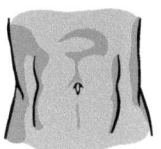

へそ

pupík

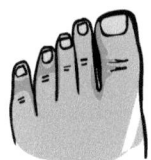

足指

prst na noze

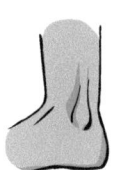

かかと

pata

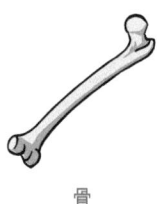

骨

kost

腰

bok

ひざ

koleno

ひじ

loket

鼻

nos

尻

zadek

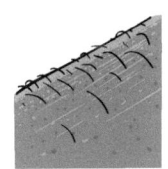

皮膚

kůže

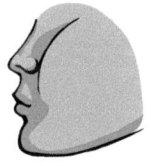

頬

tvář

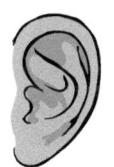

耳

ucho

唇

ret

体 - tělo

口
ústa

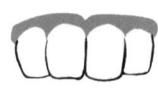

歯
zub

舌
jazyk

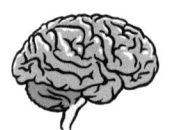

脳
mozek

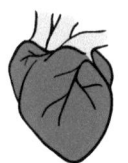

心臓
srdce

筋肉
sval

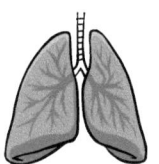

肺
plíce

肝臓
játra

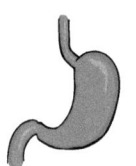

胃
žaludek

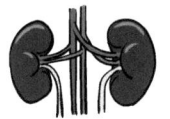

腎臓
ledviny

セックス
pohlavní styk

コンドーム
kondom

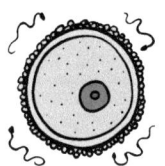

卵細胞
vajíčko

精液
sperma

妊娠
těhotenství

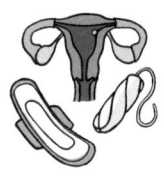

月経

menstruace

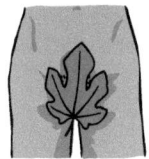

膣

vagina

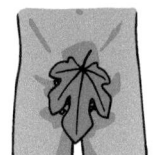

ペニス

penis

眉

obočí

髪

vlasy

首

krk

体 - tělo

病院
nemocnice

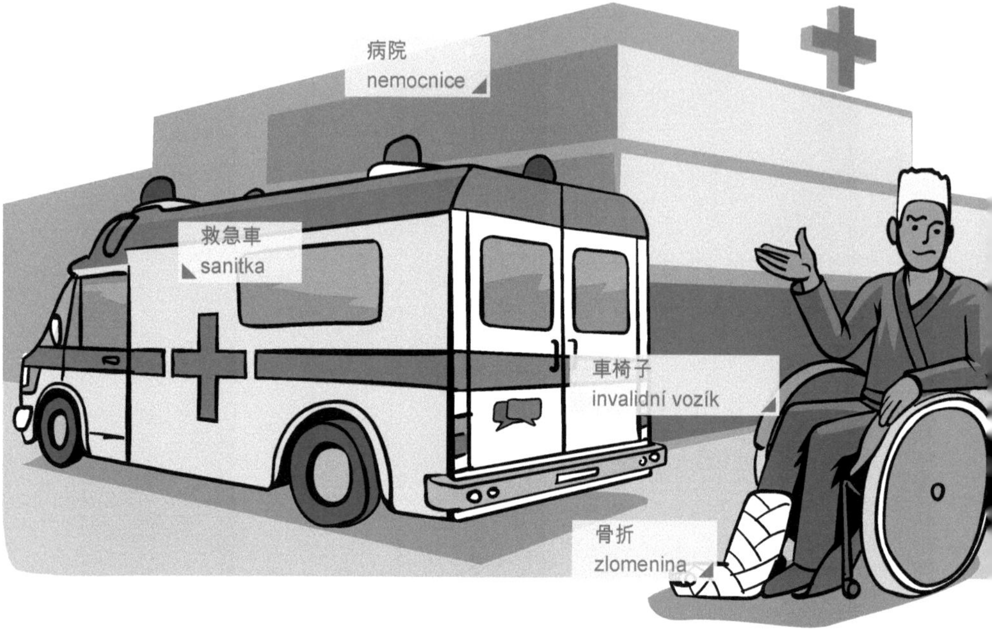

病院
nemocnice
救急車
sanitka
車椅子
invalidní vozík
骨折
zlomenina

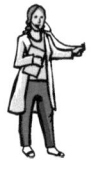

医師

lékař

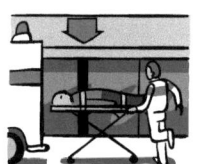

救急治療室

pohotovost

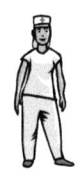

看護師

zdravotní sestra

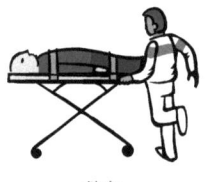

救急

urgentní případ

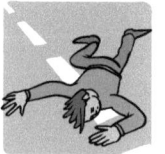

失神

v bezvědomí

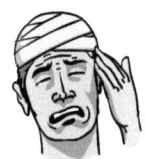

痛み

bolest

けが

úraz

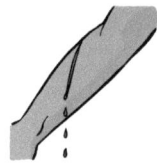

出血

krvácení

心臓発作

infarkt myokardu

脳卒中

évní mozková příhoda

アレルギー

alergie

咳

kašel

熱

horečka

インフルエンザ

chřipka

下痢

průjem

頭痛

bolest hlavy

癌

rakovina

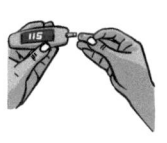

糖尿病

cukrovka

外科医

chirurg

外科用メス

skalpel

手術

operace

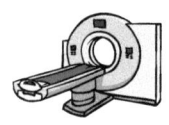

CT

CT

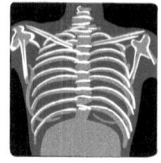

レントゲン

rentgen

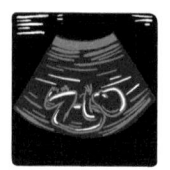

超音波

ultrazvuk

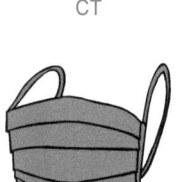

マスク

maska

病気

nemoc

待合室

čekárna

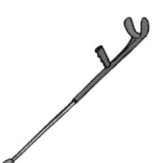

松葉づえ

berle

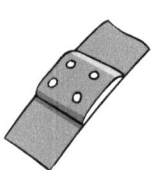

ばんそうこう

náplast

包帯

obvaz

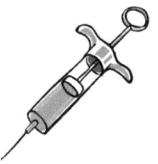

注射

injekce

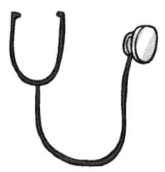

聴診器

stetoskop

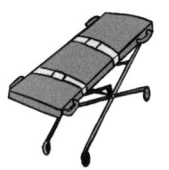

担架

nosítka

体温計

teploměr

出産

porod

肥満

nadváha

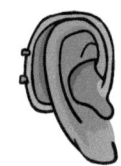

補聴器

naslouchátko

消毒剤

dezinfekční prostředek

感染

infekce

ウイルス

virus

HIV / エイズ

HIV / AIDS

内服薬

lékařství

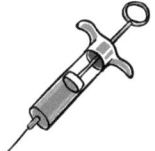

予防接種

očkování

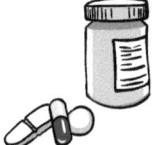

錠剤

tablety

ピル

pilulka

緊急電話

tísňové volání

血圧計

tonometr

病気の ／ 健康な

nemocný / zdravý

助けて！

Pomoc!

アラーム

poplach

暴行

přepadení

攻撃

napadení

危険

nebezpečí

非常口

nouzový východ

火事だ！

Hoří!

消火器

hasicí přístroj

事故

nehoda

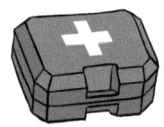

救急箱

zdravotnická brašna

SOS

SOS

警察

policie

ヨーロッパ

Evropa

北米

Severní Amerika

南米

Jižní Amerika

アフリカ

Afrika

アジア

Asie

オーストラリア

Austrálie

大西洋

Atlantik

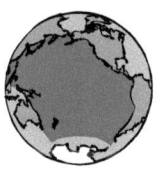

太平洋

Pacifik

インド洋

Indický oceán

南極海

Jižní ledový oceán

北極海

Severní ledový oceán

北極

severní pól

南極

jižní pól

南極大陸

Antarktida

地球

země

陸

pevnina

海

moře

島

ostrov

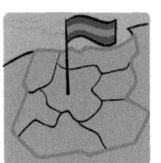

国家

národ

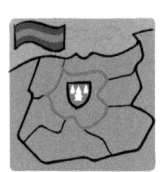

国家

stát

文字盤

ciferník

短針

hodinová ručička

長針

minutová ručička

秒針

vteřinová ručička

何時ですか？

Kolik je hodin?

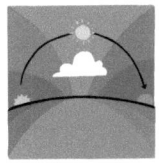

日

den

時間

čas

現在

teď

デジタル時計

digitální hodinky

分

minuta

時間

hodina

週

týden

月曜 pondělí
火曜 úterý
水曜 středa
木曜 čtvrtek
金曜 pátek
土曜 sobota
日曜 neděle

昨日
včera

今日
dnes

明日
zítra

朝
ráno

昼
poledne

夜
večer

営業日
pracovní dny

週末
víkend

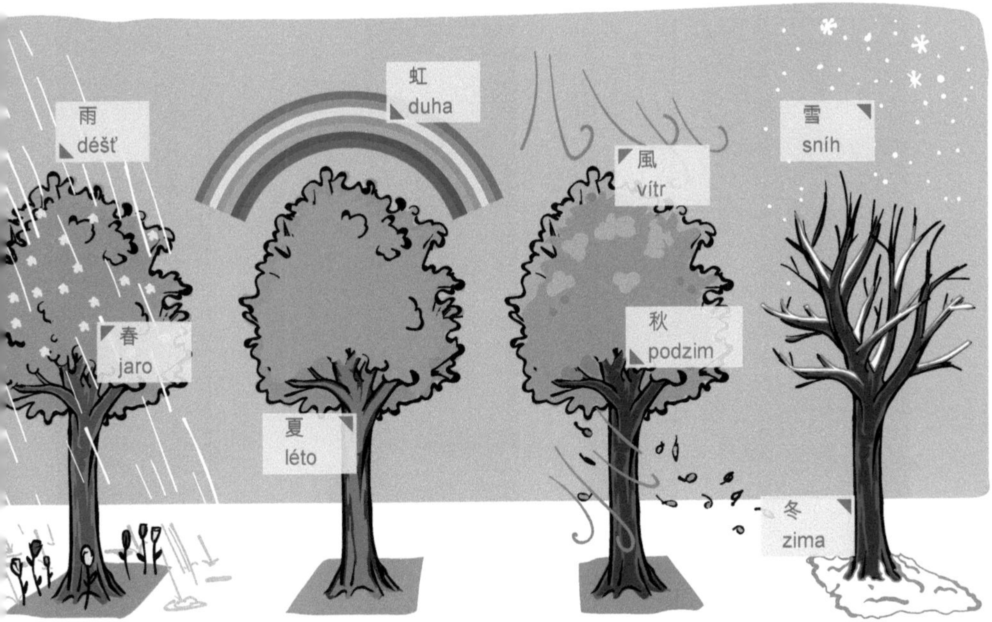

雨
déšť

春
jaro

虹
duha

夏
léto

風
vítr

秋
podzim

雪
sníh

冬
zima

4.APRIL	11°	☀
5.APRIL	4°	🌦
6.APRIL	13°	🌦
7.APRIL	8°	☀
8.APRIL	10°	☀

天気予報

předpověď počasí

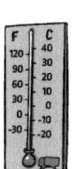

温度計

teploměr

日差し

sluneční svit

雲

mrak

霧

mlha

湿度

vlhkost

雷

blesk

雷

hrom

嵐

bouřka

ひょう

kroupy

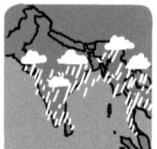

季節風

monzun

洪水

povodeň

氷

led

1月

leden

2月

únor

3月

březen

4月

duben

5月

květen

6月

červen

7月

červenec

8月

srpen

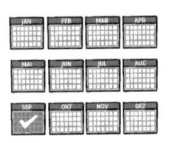

9月
....
září

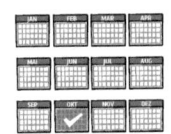

10月
....
říjen

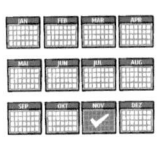

11月
....
listopad

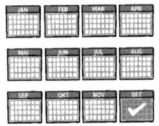

12月
....
prosinec

tvary

円
....
kruh

正方形
....
čtverec

長方形
....
obdélník

三角
....
trojúhelník

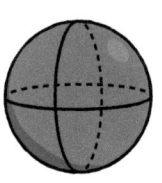

球
....
koule

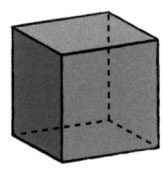

立方体
....
krychle

barvy

白
....
bílá

黄
....
žlutá

オレンジ
....
oranžová

ピンク
....
růžová

赤
....
červená

紫
....
fialová

青
....
modrá

緑
....
zelená

茶
....
hnědá

灰色
....
šedá

黒
....
černá

多い / 少ない

hodně / málo

怒っている /
落ち着いている
rozzuřený / mírumilovný

美しい / 醜い

krásný / ošklivý

初め / 終わり

začátek / konec

大きい / 小さい

velký / malý

明るい / 暗い

světlý / tmavý

兄弟 / 姉妹

bratr / sestra

清潔な / 汚い

čistý / špinavý

完全な / 不完全な

úplný / neúplný

日中 / 夜

den / noc

死んだ / 生きている

mrtvý / živý

幅広い / 狭い

široký / úzký

食べられる　/
食べられない
jedlý / nejedlý

悪意のある　/　親切な
zlý / hodný

興奮している　/
退屈している
vzrušený / znuděný

太った　/　痩せた
tlustý / hubený

最初に　/　最後に
nejdříve / naposledy

友人　/　敵
přítel / nepřítel

いっぱいの　/　空の
plný / prázdný

硬い　/　柔らかい
tvrdý / měkký

重い　/　軽い
těžký / lehký

空腹　/　喉の渇き
hlad / žízeň

病気の　/　健康な
nemocný / zdravý

違法な　/　合法な
ilegální / legální

賢い　/　愚かな
inteligentní / hloupý

左に　/　右に
vlevo / vpravo

近い　/　遠い
blízko / daleko

新しい / 中古の

nový / použitý

何もない / 何かある

nic / něco

老いた / 若い

starý / mladý

オン / オフ

zapnutý / vypnutý

開いている /
閉まっている
otevřeno / zavřeno

静かな / うるさい

tichý / hlasitý

裕福な / 貧乏な

bohatý / chudý

正しい / 間違っている

správný / špatný

粗い / なめらか

drsný / hladký

悲しい / 幸せな

smutný / šťastný

短い / 長い

krátký / dlouhý

ゆっくり / 速い

pomalý / rychlý

濡れた / 乾いた

vlhký / suchý

何 温かい / 冷たい

teplý / chladný

戦争 / 平和

válka / mír

反対 - protiklady

0

ゼロ

nula

1

1

jedna

2

2

dva

3

3

tři

4

4

čtyři

5

5

pět

6

6

šest

7

7

sedm

8

8

osm

9

9

devět

10

10

deset

11

11

jedenáct

12

12
dvanáct

13

13
třináct

14

14
čtrnáct

15

15
patnáct

16

16
šestnáct

17

17
sedmnáct

18

18
osmnáct

19

19
devatenáct

20

20
dvacet

100

100
sto

1.000

1000
tisíc

1.000.000

100万
milion

数 - čísla

英語

anglictina

アメリカ英語

americká angličtina

中国標準語

standardní čínština

ヒンディー語

hindština

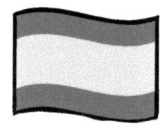

スペイン語

španělština

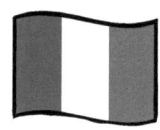

フランス語

francouzština

アラビア語

arabština

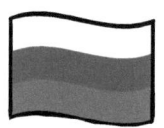

ロシア語

ruština

ポルトガル語

portugalština

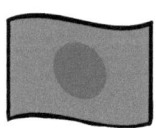

ベンガル語

bengálština

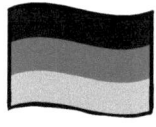

ドイツ語

němčina

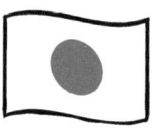

日本語

japonština

私

já

あなた

ty

彼 / 彼女 / それ

on / ona / ono

私たち

my

あなたたち

vy

彼ら

oni

誰？

Kdo?

何？

Co?

どうやって？

Jak?

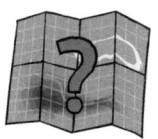

どこ？

Kde?

いつ？

Kdy?

名前

jméno

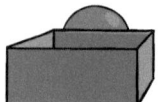

後ろ

za

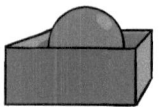

中

do

前

z

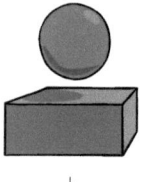

上

nad

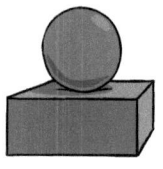

上

na

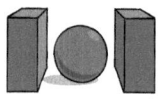

下

mezi

横

vedle

間

mezi

場所

místo